SOPAS VEGETARIANAS 2021

RECETAS SALUDABLES Y DELICIOSAS

ENRIQUE RODRIGUEZ

Tabla de contenido

3

4

Sopa Húngara De Cebolla Roja

3 cucharadas de mantequilla / margarina vegana

1 cebolla morada grande, picada

1 zanahoria pequeña, pelada y en rodajas finas

1 papa, en rodajas finas

1/2 cucharadita de pimentón húngaro

1 taza de caldo de verduras

1 taza de leche de almendras

2 cucharadas. vinagre de vino blanco

Caliente la mantequilla vegana derretida a fuego medio-alto.

Saltee las cebollas hasta que estén tiernas durante unos 5 minutos.

Agregue las zanahorias, la papa y el pimentón y cocine por otros 5 minutos, o hasta que las zanahorias estén tiernas.

Agrega el caldo de verduras y la leche de almendras.

Hierva y reduzca a fuego lento, y cocine por 15 minutos más.

Sopa Roja Francesa Sencilla

3 cucharadas de aceite de oliva virgen extra

1 cebolla morada pequeña, picada

1 zanahoria pequeña, pelada y en rodajas finas

1 costilla de apio, en rodajas finas

1/2 cucharadita de estragón seco

2 tazas de caldo de verduras

2 cucharadas. vinagre de vino blanco

Caliente el aceite a fuego medio-alto.

Saltee las cebollas hasta que estén tiernas durante unos 5 minutos.

Agregue las zanahorias, el apio y el estragón y cocine por otros 5 minutos o hasta que las zanahorias estén tiernas.

Agrega el caldo de verduras y el vinagre de vino.

Hierva y reduzca a fuego lento, y cocine por 15 minutos más.

Sopa de cebolla con chorizo vegano español

3 cucharadas de aceite de oliva virgen extra

1 cebolla morada pequeña, picada

1 zanahoria pequeña, pelada y en rodajas finas

1 chorizo vegano, picado grueso (marca Soyrizo)

1 cucharada. pimentón español seco

1 cucharadita tomillo

2 tazas de caldo de verduras

2 cucharadas. vinagre de vino blanco

Perejil para decorar

Caliente el aceite a fuego medio-alto.

Saltee las cebollas hasta que estén tiernas durante unos 5 minutos.

Agregue zanahorias, chorizo vegano y estragón, y cocine por otros 5 minutos, o hasta que las zanahorias estén tiernas.

Agrega el caldo de verduras, el pimentón, el tomillo y el vinagre de vino.

Hierva y reduzca a fuego lento, y cocine por 15 minutos más.

Decorar con perejil

Sopa de Frijoles y Tomates Secados al Sol

Ingredientes

1 libra de frijoles blancos secos, clasificados y enjuagados

1 1/2 cuartos de caldo de verduras

½ cuarto de agua

1 cebolla mediana, cortada en cubitos

6 dientes de ajo, pelados y aplastados

2 cucharaditas de sal marina

1/4 cucharadita de pimienta

2 papas medianas, cortadas en cubitos

1 libra de zanahorias en rodajas congeladas

1 taza de tomates secados al sol picados *

1-2 cucharaditas de eneldo seco

3-4 cucharadas de perejil fresco picado

Agregue los frijoles, el caldo de verduras y el agua, la cebolla, el ajo, la sal y la pimienta en una olla y cocine a fuego medio-bajo.

Cocine a fuego lento durante 3-4 horas.

Cuando los frijoles se ablanden, agregue la papa y cocine a fuego lento hasta que las papas estén tiernas.

Agregue las zanahorias, los tomates y el eneldo y cocine hasta que estén bien calientes.

Agrega el perejil.

Sazone con más sal y pimienta.

Sopa Vegana De Chorizo Y Papa

Ingredientes

1 libra de garbanzos, clasificados y enjuagados

1 1/2 cuartos de caldo de verduras

½ cuarto de agua

1 cebolla mediana, cortada en cubitos

6 dientes de ajo, pelados y aplastados

1 chorizo vegano (marca: Soyrizo), picado grueso

2 cucharaditas de sal marina

1/4 cucharadita de pimienta

2 papas medianas, cortadas en cubitos

1 libra de zanahorias en rodajas congeladas

1 taza de tomates secados al sol picados *

1 cucharadita de azafrán

2 cucharaditas Paprica española

3-4 cucharadas de perejil fresco picado

Agregue los frijoles, el caldo de verduras y el agua, la cebolla, el ajo, la sal y la pimienta en una olla y cocine a fuego medio-bajo.

Cocine a fuego lento durante 3-4 horas.

Cuando los frijoles se ablanden, agregue la papa y cocine a fuego lento hasta que las papas estén tiernas.

Agregue las zanahorias, los tomates, el chorizo vegano, el pimentón y el azafrán y cocine hasta que estén bien calientes.

Agrega el perejil.

Sazone con más sal y pimienta.

Sopa asiática de espinacas y frijoles mungo

Ingredientes

3/4 de libra de frijoles mungo, clasificados y enjuagados

1 1/2 cuartos de caldo de verduras

½ litro de leche de coco

½ cuarto de agua

1 cebolla mediana, cortada en cubitos

6 dientes de ajo, pelados y aplastados

2 cucharaditas de sal marina

1/4 cucharadita de pimienta

1 manojo de espinacas, cortado en cubitos

1 libra de zanahorias en rodajas congeladas

1-2 cucharaditas de jengibre picado

3-4 cucharadas de perejil fresco picado

Agregue los frijoles, el caldo de verduras, la leche de coco y el agua, la cebolla, el ajo, la sal y la pimienta en una olla y cocine a fuego medio-bajo.

Cocine a fuego lento durante 3-4 horas.

Cuando los frijoles estén suaves, agregue las espinacas y cocine a fuego lento hasta que las papas estén tiernas.

Agregue las zanahorias, los tomates y el jengibre y cocine hasta que estén bien calientes.

Agrega el perejil.

Sazone con más sal y pimienta.

Sopa De Patatas Y Frijoles Blancos

Ingredientes

1 libra de frijoles secos blancos secos, clasificados y enjuagados

1 1/2 cuartos de caldo de verduras

½ cuarto de agua

1 cebolla mediana, cortada en cubitos

6 dientes de ajo, pelados y aplastados

2 cucharaditas de sal marina

1/4 cucharadita de pimienta

2 papas medianas, cortadas en cubitos

1 libra de zanahorias en rodajas congeladas

1-2 cucharaditas de vinagre balsámico

3-4 cucharadas de perejil fresco picado

Agregue los frijoles, el caldo de verduras y el agua, la cebolla, el ajo, la sal y la pimienta en una olla y cocine a fuego medio-bajo.

Cocine a fuego lento durante 3-4 horas.

Cuando los frijoles se ablanden, agregue la papa y cocine a fuego lento hasta que las papas estén tiernas.

Agregue las zanahorias, los tomates y el vinagre balsámico y cocine hasta que estén bien calientes.

Agrega el perejil.

Sazone con más sal y pimienta.

Sopa de Frijoles Blancos y Tomate Secado al Sol

Ingredientes

1 libra de frijoles blancos secos, clasificados y enjuagados

1 1/2 cuartos de caldo de verduras

½ cuarto de agua

1 cebolla mediana, cortada en cubitos

6 dientes de ajo, pelados y aplastados

2 cucharaditas de sal marina

1/4 cucharadita de pimienta

2 papas medianas, cortadas en cubitos

1 libra de zanahorias en rodajas congeladas

1 taza de tomates secados al sol picados *

1-2 cucharaditas de zumaque molido

1 cucharadita tomillo

1 cucharadita menta

Agregue los frijoles, el caldo de verduras y el agua, la cebolla, el ajo, la sal y la pimienta en una olla y cocine a fuego medio-bajo.

Cocine a fuego lento durante 3-4 horas.

Cuando los frijoles se ablanden, agregue la papa y cocine a fuego lento hasta que las papas estén tiernas.

Agregue las zanahorias, los tomates, el tomillo y la menta y cocine hasta que estén bien calientes.

Sazone con más sal y pimienta.

Sopa italiana de frijoles y patatas

Ingredientes

1 libra de frijoles rojos, clasificados y enjuagados

1 1/2 cuartos de caldo de verduras

½ cuarto de agua

1 cebolla morada mediana, cortada en cubitos

8 dientes de ajo, pelados y aplastados

2 cucharaditas de sal marina

1/4 cucharadita de pimienta

2 papas medianas, cortadas en cubitos

1 libra de zanahorias en rodajas congeladas

1 taza de pesto rojo

1-2 cucharaditas de condimento italiano seco

3-4 cucharadas de perejil fresco picado

Agregue los frijoles, el caldo de verduras y el agua, la cebolla, el ajo, la sal y la pimienta en una olla y cocine a fuego medio-bajo.

Cocine a fuego lento durante 3-4 horas.

Cuando los frijoles se ablanden, agregue la papa y cocine a fuego lento hasta que las papas estén tiernas.

Agregue las zanahorias, el pesto rojo y el condimento italiano y cocine hasta que esté bien caliente.

Agrega el perejil.

Sazone con más sal y pimienta.

Sopa picante de frijoles y jalapeños

Ingredientes

1 libra de frijoles blancos secos, clasificados y enjuagados

1 1/2 cuartos de caldo de verduras

½ cuarto de agua

1 cebolla mediana, cortada en cubitos

6 dientes de ajo, pelados y aplastados

2 cucharaditas de sal marina

1/2 cucharadita de comino

2 chiles anchos, cortados en cubitos

1 libra de zanahorias en rodajas congeladas

1 taza de tomates secados al sol picados *

1-2 cucharaditas pimienta de cayena seca

1-2 cucharaditas chile jalapeño, picado

3-4 cucharadas de perejil fresco picado

Agregue los frijoles, el caldo de verduras y el agua, la cebolla, el ajo, la sal y el comino en una olla y cocine a fuego medio-bajo.

Cocine a fuego lento durante 3-4 horas.

Cuando los frijoles se ablanden, agregue los chiles anchos y cocine a fuego lento hasta que las papas estén tiernas.

Agregue las zanahorias, los tomates y el eneldo y cocine hasta que estén bien calientes.

Agregue la pimienta de cayena y los chiles jalapeños.

Sazone con más sal y pimienta.

Sopa De Garbanzos Y Tomate Secado Al Sol

Ingredientes

1 libra de garbanzos, clasificados y enjuagados

1 1/2 cuartos de caldo de verduras

½ cuarto de agua

1 cebolla mediana, cortada en cubitos

9 dientes de ajo, pelados y aplastados

2 cucharaditas de sal marina

1/4 cucharadita de pimienta

2 papas medianas, cortadas en cubitos

1 libra de zanahorias en rodajas congeladas

1 taza de tomates secados al sol picados *

1-2 cucharaditas de jugo de lima

3-4 cucharadas de perejil fresco picado

Agregue los frijoles, el caldo de verduras y el agua, la cebolla, el ajo, la sal y la pimienta en una olla y cocine a fuego medio-bajo.

Cocine a fuego lento durante 3-4 horas.

Cuando los frijoles se ablanden, agregue la papa y cocine a fuego lento hasta que las papas estén tiernas.

Agregue las zanahorias, los tomates y el jugo de limón y cocine hasta que estén bien calientes.

Agrega el perejil.

Sazone con más sal y pimienta.

Sopa De Calabaza, Manzana Y Zanahoria

INGREDIENTES

1 calabaza butternut mediana (1 libra de calabaza butternut pelada y en cubos)

1 cebolla morada mediana, cortada en cubitos

1/2 libra de zanahorias, peladas y cortadas en trozos

1 manzana Fuji, pelada y en rodajas

3 tazas de caldo de verduras

1 taza de caldo de verduras

1 cucharadita comino molido

1 cucharadita de sal

1 cucharadita cilantro molido

1/4 cucharadita de salvia molida seca

Sal y pimienta para probar

INSTRUCCIONES

Combine la calabaza, la cebolla roja, las zanahorias, la manzana, el caldo, el caldo y la hoja de laurel en una olla de cocción lenta.

Cocine durante aproximadamente 6 horas a fuego lento o hasta que las verduras estén blandas.

Toma la hoja de laurel y deséchala.

Transfiera los ingredientes de la olla de cocción lenta a una licuadora.

Mezclar hasta que esté suave.

Vierta nuevamente en la olla de cocción lenta y sazone con sal, pimienta, cilantro y comino.

Pruebe y sazone con más sal y pimienta al gusto.

Sopa de calabaza y chirivía

INGREDIENTES

1 calabaza butternut mediana (1 libra de calabaza butternut pelada y en cubos)

1 cebolla morada mediana, cortada en cubitos

1/2 libra de zanahorias, peladas y cortadas en trozos

1 chirivía, pelada y en rodajas

2 tazas de caldo de verduras

1 cucharadita de sal

1 cucharadita de pimienta

2 (13.5 oz) latas de leche de almendras

Sal y pimienta para probar

INSTRUCCIONES

Combine la calabaza, la cebolla roja, las chirivías, las zanahorias y el caldo en una olla de cocción lenta.

Cocine durante aproximadamente 6 horas a fuego lento o hasta que las verduras estén blandas.

Transfiera los ingredientes de la olla de cocción lenta a una licuadora.

Mezclar hasta que esté suave.

Vierta nuevamente en la olla de cocción lenta y sazone con sal, pimienta y salvia.

Agrega la leche de almendras. Revolver.

Pruebe y sazone con más sal y pimienta al gusto.

Sopa de calabaza china

INGREDIENTES

1 calabaza butternut mediana (1 libra de calabaza butternut pelada y en cubos)

1 cebolla morada mediana, cortada en cubitos

1/2 libra de zanahorias, peladas y cortadas en trozos

3 dientes de ajo picados

3 tazas de caldo de verduras

4 cucharaditas Polvo de cinco especias chinas

1 cucharadita de sal

1 cucharadita de pimienta

1/4 cucharadita de jengibre rallado

1 (13.5 oz) lata de leche de coco

3 cucharadas aceite de semilla de sésamo

Sal y pimienta para probar

INSTRUCCIONES

Combine la calabaza, la cebolla roja, las zanahorias, el ajo, el caldo, el aceite de ajonjolí y la hoja de laurel en una olla de cocción lenta.

Cocine durante aproximadamente 6 horas a fuego lento o hasta que las verduras estén blandas.

Toma la hoja de laurel y deséchala.

Transfiera los ingredientes de la olla de cocción lenta a una licuadora.

Mezclar hasta que esté suave.

Vierta nuevamente en la olla de cocción lenta y sazone con sal, pimienta y salvia.

Agrega la leche de coco. Revolver.

Pruebe y sazone con más sal y pimienta al gusto.

Sopa de manzana y calabaza

INGREDIENTES

1 calabaza butternut mediana (1 libra de calabaza butternut pelada y en cubos)

1 cebolla morada mediana, cortada en cubitos

1/2 libra de zanahorias, peladas y cortadas en trozos

1 manzana Fuji, pelada y en rodajas

3 tazas de caldo de verduras

1 hoja de laurel

1 cucharadita de sal

1 cucharadita de pimienta

1/4 cucharadita de salvia molida seca

1 lata (13,5 oz) de leche de almendras

Sal y pimienta para probar

INSTRUCCIONES

Combine la calabaza, la cebolla roja, las zanahorias, la manzana, el caldo y la hoja de laurel en una olla de cocción lenta.

Cocine durante aproximadamente 6 horas a fuego lento o hasta que las verduras estén blandas.

Toma la hoja de laurel y deséchala.

Transfiera los ingredientes de la olla de cocción lenta a una licuadora.

Mezclar hasta que esté suave.

Vierta nuevamente en la olla de cocción lenta y sazone con sal, pimienta y salvia.

Agrega la leche de almendras. Revolver.

Pruebe y sazone con más sal y pimienta al gusto.

Sopa Asiática De Calabaza Y Pimienta De Cayena

INGREDIENTES

1 calabaza butternut mediana (1 libra de calabaza butternut pelada y en cubos)

1 cebolla morada mediana, cortada en cubitos

1/2 libra de zanahorias, peladas y cortadas en trozos

3 dientes de ajo picados

3 tazas de caldo de verduras

1 cucharadita de sal

1 cucharadita de pimienta de cayena

1/4 taza de mantequilla de maní

1 (13.5 oz) lata de leche de coco

Sal y pimienta para probar

INSTRUCCIONES

Combine la calabaza, la cebolla roja, las zanahorias, la mantequilla de maní, el ajo, el caldo y la hoja de laurel en una olla de cocción lenta.

Cocine durante aproximadamente 6 horas a fuego lento o hasta que las verduras estén blandas.

Toma la hoja de laurel y deséchala.

Transfiera los ingredientes de la olla de cocción lenta a una licuadora.

Mezclar hasta que esté suave.

Vierta nuevamente en la olla de cocción lenta y sazone con sal, pimienta y salvia.

Agrega la leche de coco. Revolver.

Pruebe y sazone con más sal y pimienta de cayena al gusto.

Sopa de Champiñones y Cebolla Roja

INGREDIENTES

1 calabaza butternut mediana (1 libra de calabaza butternut pelada y en cubos)

1 cebolla morada mediana, cortada en cubitos

1/2 libra de zanahorias, peladas y cortadas en trozos

1 lata (14 oz) de champiñones, en rodajas

3 tazas de caldo de verduras

1 hoja de laurel

1 cucharadita de sal

1 cucharadita de pimienta

2 ramitas de romero

Sal y pimienta para probar

INSTRUCCIONES

Combine la calabaza, la cebolla roja, las zanahorias, los champiñones, el caldo y el romero en una olla de cocción lenta.

Cocine durante aproximadamente 6 horas a fuego lento o hasta que las verduras estén blandas.

Toma la hoja de laurel y deséchala.

Transfiera los ingredientes de la olla de cocción lenta a una licuadora.

Mezclar hasta que esté suave.

Vierta nuevamente en la olla de cocción lenta y sazone con sal y pimienta.

Pruebe y sazone con más sal y pimienta al gusto.

Sopa Francesa De Calabaza Y Manzana

INGREDIENTES

1 calabaza butternut mediana (1 libra de calabaza butternut pelada y en cubos)

1 cebolla morada mediana, cortada en cubitos

1/2 libra de zanahorias, peladas y cortadas en trozos

1 manzana Fuji, pelada y en rodajas

3 tazas de caldo de verduras

1 estragón fresco

1 cucharadita de sal

1 cucharadita de pimienta

1/4 cucharadita de hierbas provenzales

Sal y pimienta para probar

INSTRUCCIONES

Combine la calabaza, la cebolla morada, las zanahorias, la manzana, el caldo y el estragón fresco en una olla de cocción lenta.

Cocine durante aproximadamente 6 horas a fuego lento o hasta que las verduras estén blandas.

Toma el estragón y deséchalo.

Transfiera los ingredientes de la olla de cocción lenta a una licuadora.

Mezclar hasta que esté suave.

Vierta nuevamente en la olla de cocción lenta y sazone con sal, pimienta y hierbas de Provenza.

Pruebe y sazone con más sal y pimienta al gusto.

Sopa Ahumada De Zanahoria Y Cebolla

INGREDIENTES

1 calabaza butternut mediana (1 libra de calabaza butternut pelada y en cubos)

1 cebolla morada mediana, cortada en cubitos

1/2 libra de zanahorias, peladas y cortadas en trozos

3 tazas de caldo de verduras

1 cucharadita de sal

1 cucharadita de pimienta

1/4 cucharadita de comino

½ (6.5 oz) lata de tomates

Sal y pimienta para probar

INSTRUCCIONES

Combine la calabaza, la cebolla roja, las zanahorias y el caldo en una olla de cocción lenta.

Cocine durante aproximadamente 6 horas a fuego lento o hasta que las verduras estén blandas.

Transfiera los ingredientes de la olla de cocción lenta a una licuadora.

Mezclar hasta que esté suave.

Vierta nuevamente en la olla de cocción lenta y sazone con sal, pimienta y comino.

Agrega los tomates. Revolver.

Pruebe y sazone con más sal y pimienta al gusto.

Sopa Mexicana De Frijoles Negros Y Pimienta

Ingredientes:

1 cucharadita de aceite de oliva virgen extra

1/2 taza de cebollas rojas picadas

4 dientes de ajo picados

2 tazas de caldo de verduras

1 taza de salsa

1 lata de 14 onzas de frijoles negros

1 pimiento verde picado

1/2 cucharadita de sal marina

1 aguacate, picado

1/2 taza de cilantro suelto

Opcional:

1/2 taza de totopos de maíz desmenuzados

Picar la cebolla y el ajo.

Picar el pimiento rojo.

Cocine y sirva:

Calentar el aceite de oliva a fuego medio.

Agregue las cebollas rojas y el ajo a la sartén y revuelva hasta que se ablanden, de 3 a 5 minutos.

Vierta el caldo, la salsa, los pimientos morrones, los frijoles negros y la sal.

Hervir a fuego alto.

Reduzca el fuego a bajo y cocine a fuego lento hasta que esté completamente caliente durante unos 5 minutos.

Cubra con la mitad del aguacate, el cilantro y los totopos.

Sopa tailandesa de frijoles negros al curry

Ingredientes:

1 cucharadita de aceite de oliva

1/2 taza de cebollas rojas picadas

4 dientes de ajo picados

2 tazas de caldo de verduras

1 cucharadita polvo de curry

1 lata de 14 onzas de frijoles negros

1/2 cucharadita de sal marina

1 taza de leche de coco

1/2 taza de cilantro suelto

Calentar el aceite de oliva a fuego medio.

Agregue las cebollas rojas y el ajo a la sartén y revuelva hasta que se ablanden, de 3 a 5 minutos.

Vierta el caldo, el curry en polvo, los pimientos morrones, los frijoles negros, la leche de coco con cilantro y la sal.

Hervir a fuego alto.

Reduzca el fuego a bajo y cocine a fuego lento hasta que esté completamente caliente durante unos 5 minutos.

Sopa de sésamo y frijoles negros

Ingredientes:

1 cucharadita de aceite de sésamo

1/2 taza de cebollas rojas picadas

4 dientes de ajo picados

2 tazas de caldo de verduras

1 lata de 14 onzas de frijoles negros

1/2 cucharadita de sal marina

Calienta el aceite de sésamo a fuego medio.

Agregue las cebollas rojas y el ajo a la sartén y revuelva hasta que se ablanden, de 3 a 5 minutos.

Vierta el caldo, los frijoles negros y la sal.

Hervir a fuego alto.

Reduzca el fuego a bajo y cocine a fuego lento hasta que esté completamente caliente durante unos 5 minutos.

Sopa de frijoles negros y jalapeños

Ingredientes:

1 cucharadita de aceite de oliva virgen extra

1/2 taza de cebollas amarillas picadas

4 dientes de ajo picados

2 tazas de caldo de verduras

1 taza de salsa

1 lata de 14 onzas de frijoles negros

¼ taza de chiles jalapeños, picados

1/2 cucharadita de sal marina

1 taza de maíz

1 cucharadita chile en polvo

Calentar el aceite de oliva a fuego medio.

Agregue las cebollas amarillas y el ajo a la sartén y revuelva hasta que se ablanden, de 3 a 5 minutos.

Vierta el caldo, la salsa, los chiles jalapeños, los frijoles negros y la sal.

Hervir a fuego alto.

Reduzca el fuego a bajo y cocine a fuego lento hasta que esté completamente caliente durante unos 5 minutos.

Cubra con el maíz y el chile en polvo.

Sopa de tortilla y jalapeño

Ingredientes:

1 cucharadita de aceite de oliva virgen extra

1/2 taza de cebollas rojas picadas

4 dientes de ajo picados

2 tazas de caldo de verduras

1 taza de caldo de verduras

1 lata de 14 onzas de frijoles negros

1 chile jalapeño, picado

1/2 cucharadita de sal marina

1 cucharada. vinagre de sidra de manzana

Opcional:

1/2 taza de totopos de maíz desmenuzados

Picar la cebolla y el ajo.

Picar el pimiento rojo.

Cocine y sirva:

Calentar el aceite de oliva a fuego medio.

Agregue las cebollas rojas y el ajo a la sartén y revuelva hasta que se ablanden, de 3 a 5 minutos.

Vierta el caldo, el caldo, la salsa, los chiles jalapeños, los frijoles negros, el vinagre de sidra de manzana y la sal.

Hervir a fuego alto.

Reduzca el fuego a bajo y cocine a fuego lento hasta que esté completamente caliente durante unos 5 minutos.

Sopa de tortilla vegana

Ingredientes:

1 cucharadita de aceite de oliva virgen extra

1/2 taza de cebollas rojas picadas

4 dientes de ajo picados

2 tazas de caldo de verduras

1 taza de salsa

1 cucharadita Salsa picante estilo Luisiana

1 lata de 14 onzas de frijoles negros

1 jalapeño picado

1/2 cucharadita de sal marina

1 aguacate, picado

1 cucharadita comino

½ cucharadita de cilantro

Opcional:

1/2 taza de totopos de maíz desmenuzados

Picar la cebolla y el ajo.

Picar el pimiento rojo.

Calentar el aceite de oliva a fuego medio.

Agregue las cebollas rojas y el ajo a la sartén y revuelva hasta que se ablanden, de 3 a 5 minutos.

Vierta el caldo, la salsa, la salsa picante, los chiles jalapeños, los frijoles negros, el comino, el cilantro y la sal.

Hervir a fuego alto.

Reduzca el fuego a bajo y cocine a fuego lento hasta que esté completamente caliente durante unos 5 minutos.

Cubra con la mitad del aguacate, el cilantro y los totopos.

Sopa de tortilla ahumada

Ingredientes:

1 cucharadita de aceite de oliva virgen extra

1/2 taza de cebollas rojas picadas

4 dientes de ajo picados

2 tazas de caldo de verduras

1 taza de chorizo vegano picado grueso

1 lata de 14 onzas de frijoles negros

1 pimiento verde picado

1/2 cucharadita de sal marina

1 cucharadita comino

1 cucharadita pimenton

1/2 taza de cilantro suelto

Opcional:

1/2 taza de totopos de maíz desmenuzados

Picar la cebolla y el ajo.

Picar el pimiento rojo.

Calentar el aceite de oliva a fuego medio.

Agregue las cebollas rojas y el ajo a la sartén y revuelva hasta que se ablanden, de 3 a 5 minutos.

Vierta el caldo, el chorizo, los pimientos morrones, el comino, los frijoles negros, el pimentón y la sal.

Hervir a fuego alto.

Reduzca el fuego a bajo y cocine a fuego lento hasta que esté completamente caliente durante unos 5 minutos.

Sopa Mexicana De Frijoles Negros Ahumados

Ingredientes:

1 cucharadita de aceite de oliva virgen extra

1/2 taza de cebollas rojas picadas

4 dientes de ajo picados

2 tazas de caldo de verduras

1 cucharadita comino

1 lata de 14 onzas de frijoles negros

1 pimiento verde picado

1/2 cucharadita de sal marina

1 cucharada. jugo de lima

1/2 taza de cilantro suelto

1 taza de chorizo vegano, picado grueso

Calentar el aceite de oliva a fuego medio.

Agregue las cebollas rojas y el ajo a la sartén y revuelva hasta que se ablanden, de 3 a 5 minutos.

Vierta el caldo, la salsa, el comino, el chorizo vegano, los pimientos, los frijoles negros, el jugo de limón y la sal.

Hervir a fuego alto.

Reduzca el fuego a bajo y cocine a fuego lento hasta que esté completamente caliente durante unos 5 minutos.

Sopa De Patata Y Ajo

Ingredientes

1 cucharada de aceite de oliva extra virgen

3 cucharaditas de ajo machacado

1 cucharada de cilantro fresco picado

1 cucharadita de pasta de chile

1 cebolla morada picada

3 zanahorias grandes, peladas y en rodajas

1 papa grande, pelada y picada

5 tazas de caldo de verduras

Caliente el aceite en una olla a fuego medio.

Cocine el ajo, el cilantro y la pasta de chile.

Cocine las cebollas hasta que estén tiernas.

Agrega las zanahorias y la papa.

Cocine por 5 minutos y vierta el caldo de verduras.

Cocine a fuego lento durante 40 minutos o hasta que las patatas y las zanahorias se ablanden.

Mezclar hasta que esté suave.

Sopa De Espinacas Y Patatas

Ingredientes

1 cucharada de aceite de sésamo

3 cucharaditas de ajo machacado

1 cucharada de cilantro fresco picado

2 cucharaditas de salsa de ají y ajo

1 cebolla morada picada

3 zanahorias grandes, peladas y en rodajas

1 manojo de espinacas, picadas en trozos grandes

5 tazas de caldo de verduras

Caliente el aceite en una olla a fuego medio.

Cocine el ajo, el cilantro y la salsa picante de ajo.

Cocine las cebollas hasta que estén tiernas.

Agrega las zanahorias y las espinacas.

Cocine por 5 minutos y vierta el caldo de verduras.

Cocine a fuego lento durante 40 minutos o hasta que las espinacas y las zanahorias se ablanden.

Mezclar hasta que esté suave.

Sopa de papa y zanahoria con jalapeño

Ingredientes

1 cucharada de aceite de oliva extra virgen

3 cucharaditas de ajo machacado

1 cucharada de cilantro fresco picado

1 cucharadita de jalapeño picado

1 cucharadita comino

1 cebolla morada picada

3 zanahorias grandes, peladas y en rodajas

1 papa grande, pelada y picada

5 tazas de caldo de verduras

Caliente el aceite en una olla a fuego medio.

Cocina el ajo, el cilantro, el comino y los jalapeños.

Cocine las cebollas hasta que estén tiernas.

Agrega las zanahorias y la papa.

Cocine por 5 minutos y vierta el caldo de verduras.

Cocine a fuego lento durante 40 minutos o hasta que las patatas y las zanahorias se ablanden.

Mezclar hasta que esté suave.

Sopa de papa tailandesa

Ingredientes

1 cucharada de aceite de ajonjolí

3 cucharaditas de ajo machacado

1 cucharada de cilantro fresco picado

1 cucharadita de chiles tailandeses, picados

2 cucharadas. pasta de tamarindo

1 cucharadita Pasta de chile tailandesa

1 cebolla morada picada

3 zanahorias grandes, peladas y en rodajas

1 papa grande, pelada y picada

5 tazas de caldo de verduras

Caliente el aceite en una olla a fuego medio.

Cocine el ajo, el cilantro, los chiles tailandeses, la pasta de tamarindo y la pasta de chiles tailandeses.

Cocine las cebollas hasta que estén tiernas.

Agrega las zanahorias y la papa.

Cocine por 5 minutos y vierta el caldo de verduras.

Cocine a fuego lento durante 40 minutos o hasta que las patatas y las zanahorias se ablanden.

Mezclar hasta que esté suave.

Sopa de papas y chile ancho

Ingredientes

1 cucharada de aceite de oliva extra virgen

3 cucharaditas de ajo machacado

1 cucharada de cilantro fresco picado

1 cucharadita de jugo de limón.

1 cucharadita de semillas de achiote

½ cucharadita pimienta de cayena

1 cucharadita de chiles anchos finamente picados

1 cebolla morada picada

3 zanahorias grandes, peladas y en rodajas

1 papa grande, pelada y picada

5 tazas de caldo de verduras

Caliente el aceite en una olla a fuego medio.

Cocine el ajo, el cilantro, el jugo de limón, las semillas de achiote, los chiles anchos y la pimienta de cayena.

Cocine las cebollas hasta que estén tiernas.

Agrega las zanahorias y la papa.

Cocine por 5 minutos y vierta el caldo de verduras.

Cocine a fuego lento durante 40 minutos o hasta que las patatas y las zanahorias se ablanden.

Mezclar hasta que esté suave.

Sopa De Papa Y Hierba De Limón

Ingredientes

1 cucharada de aceite de oliva extra virgen

3 cucharaditas de ajo machacado

1 cucharada de cilantro fresco picado

2 a 3 tallos de limoncillo

1 cucharadita jengibre, finamente picado

1 cebolla morada picada

3 zanahorias grandes, peladas y en rodajas

1 papa grande, pelada y picada

5 tazas de caldo de verduras

Caliente el aceite en una olla a fuego medio.

Cocine el ajo, el cilantro, la hierba limón y el jengibre.

Cocine las cebollas hasta que estén tiernas.

Agrega las zanahorias y la papa.

Cocine por 5 minutos y vierta el caldo de verduras.

Cocine a fuego lento durante 40 minutos o hasta que las patatas y las zanahorias se ablanden.

Mezclar hasta que esté suave.

Sopa de zanahoria húngara

Ingredientes

1 cucharada de aceite de oliva

5 cucharaditas de ajo machacado

1 cucharada de cilantro fresco picado

1 cucharadita de pimentón húngaro

1 cebolla morada picada

3 zanahorias grandes, peladas y en rodajas

1 papa grande, pelada y picada

5 tazas de caldo de verduras

Caliente el aceite en una olla a fuego medio.

Cocine el ajo, el cilantro y el pimentón húngaro.

Cocine las cebollas hasta que estén tiernas.

Agrega las zanahorias y la papa.

Cocine por 5 minutos y vierta el caldo de verduras.

Cocine a fuego lento durante 40 minutos o hasta que las patatas y las zanahorias se ablanden.

Mezclar hasta que esté suave.

Sopa picante de zanahoria y papa

Ingredientes

1 cucharada de aceite de ajonjolí

7 cucharaditas de ajo machacado

1 cucharada de cilantro fresco picado

1 cucharadita de polvo de cinco especias chinas

1 cucharadita de pasta de ají y ajo

1 cebolla morada picada

3 zanahorias grandes, peladas y en rodajas

1 papa grande, pelada y picada

5 tazas de caldo de verduras

Caliente el aceite en una olla a fuego medio.

Cocine el ajo, el cilantro y la pasta de chile.

Cocine las cebollas hasta que estén tiernas.

Agrega las zanahorias y la papa.

Cocine por 5 minutos y vierta el caldo de verduras.

Cocine a fuego lento durante 40 minutos o hasta que las patatas y las zanahorias se ablanden.

Mezclar hasta que esté suave.

Sopa de Chile Poblano y Zanahoria

Ingredientes

Ingredientes de la sopa de poblano:

4 cucharadas de mantequilla no láctea

1 cebolla morada pequeña, picada en trozos grandes

1 puerro grande, solo la parte blanca, en rodajas

1 pimiento verde, picado grueso

1 (o dos si le gustan las cosas picantes) chile poblano pequeño asado en seco, en rodajas

6 dientes de ajo, cortados en cubitos

1 papa roja grande, en cubos (puedes usar dos si te gusta la sopa espesa)

4 tazas de caldo de verduras

1 taza de nueces de la India

1-1 / 4 de leche de almendras

Sal marina

Pimienta negra

Guarnición opcional:

Pimiento jalapeño en rodajas

Remoje los anacardos en leche de almendras durante una hora.

Derrita la mantequilla no láctea en una sartén.

Agrega la cebolla morada, el puerro, los chiles, el pimiento morrón, el ajo y la papa.

Cocine a fuego lento y revuelva hasta que la cebolla esté transparente, 6 1/2 minutos.

Agrega el caldo a la sartén.

Cocine a fuego lento hasta que las patatas estén tiernas con un tenedor durante unos 25 minutos.

Sácalo del fuego.

Procese la mezcla en una licuadora hasta que quede suave.

Regrese la sopa a la sartén.

En la licuadora, mezcle los anacardos con leche de almendras hasta que quede suave.

Agregue a la mezcla de sopa.

Calienta la sopa a fuego medio por unos minutos más.

Adorne con rodajas de jalapeño.

Sopa picante tailandesa de maní y zanahoria

Ingredientes de la sopa de poblano:

4 cucharadas de mantequilla no láctea

1 cebolla morada pequeña, picada en trozos grandes

1 puerro grande, solo la parte blanca, en rodajas

1 pimiento verde, picado grueso

5 uds. Chiles tailandeses, en rodajas

5 hojas de albahaca tailandesa

2 cucharadas. pasta de tamarindo

8 dientes de ajo, cortados en cubitos

1 papa roja grande, en cubos (puedes usar dos si te gusta la sopa espesa)

4 tazas de caldo de verduras

1 taza de maní

1-1 / 4 de leche de coco

Sal marina

Pimienta negra

Guarnición opcional:

Pimiento jalapeño en rodajas

Remojar los cacahuetes en leche de almendras durante una hora.

Derrita la mantequilla no láctea en una sartén.

Agregue la cebolla roja, el puerro, los chiles, la albahaca tailandesa, la pasta de tamarindo, el pimiento morrón, el ajo y la papa.

Cocine a fuego lento y revuelva hasta que la cebolla esté transparente, 6 1/2 minutos.

Agrega el caldo a la sartén.

Cocine a fuego lento hasta que las patatas estén tiernas con un tenedor durante unos 25 minutos.

Sácalo del fuego.

Procese la mezcla en una licuadora hasta que quede suave.

Regrese la sopa a la sartén.

En la licuadora, mezcle los cacahuates con la leche de coco hasta que quede suave.

Agregue a la mezcla de sopa.

Calienta la sopa a fuego medio por unos minutos más.

Adorne con rodajas de jalapeño.

Sopa De Papa Poblano Y Cebolla

Ingredientes de la sopa de poblano:

4 cucharadas de mantequilla no láctea

1 cebolla morada pequeña, picada en trozos grandes

1 puerro grande, solo la parte blanca, en rodajas

1 pimiento verde, picado grueso

1 (o dos si le gustan las cosas picantes) chile poblano pequeño asado en seco, en rodajas

6 dientes de ajo, cortados en cubitos

1 cucharada. semillas de achiote

1 papa roja grande, en cubos (puedes usar dos si te gusta la sopa espesa)

4 tazas de caldo de verduras

½ taza de mantequilla de maní

1-1 / 4 de leche de almendras

Sal marina

Pimienta negra

Guarnición opcional:

Pimiento jalapeño en rodajas

Derrita la mantequilla no láctea en una sartén.

Agrega la cebolla morada, el puerro, los chiles, el pimiento morrón, el ajo y la papa.

Cocine a fuego lento y revuelva hasta que la cebolla esté transparente, 6 1/2 minutos.

Agregue el caldo y las semillas de achiote en la sartén.

Cocine a fuego lento hasta que las patatas estén tiernas con un tenedor durante unos 25 minutos.

Sácalo del fuego.

Procese la mezcla en una licuadora hasta que quede suave.

Regrese la sopa a la sartén.

En la licuadora, mezcle la mantequilla de maní con la leche de almendras hasta que quede suave.

Agregue a la mezcla de sopa.

Calienta la sopa a fuego medio por unos minutos más.

Adorne con rodajas de jalapeño.

Sopa de lentejas y curry de calabaza

Ingredientes

1 cucharada de aceite de ajonjolí

1 cebolla morada pequeña, picada

1 cucharada de raíz de jengibre fresca picada

3 dientes de ajo picados

1 pizca de semillas de fenogreco

1 taza de lentejas rojas secas

1 taza de calabaza, pelada, sin semillas y en cubos

1/3 taza de cilantro fresco finamente picado

2 tazas de agua

1/2 (14 onzas) lata de leche de almendras

2 cucharadas de pasta de tomate

1 cucharadita de curry rojo en polvo

1/4 de pimienta de cayena

1 pizca de nuez moscada molida

sal y pimienta para probar

Calentar el aceite en una olla a fuego medio.

Saltee la cebolla, el ajo y el fenogreco hasta que la cebolla esté tierna.

Agrega las lentejas, la calabaza y el cilantro en la olla.

Agrega el agua, la leche de almendras y la pasta de tomate.

Sazone con curry en polvo, pimienta de cayena, nuez moscada, sal y pimienta.

Hervir y reducir el fuego a bajo.

Cocine a fuego lento hasta que las lentejas y la calabaza estén tiernas. Durante unos 30 min.

Sopa de calabaza picante y picante

Ingredientes

1 cucharada de aceite de oliva

1 cebolla morada pequeña, picada

3 dientes de ajo picados

1 cucharada. jugo de lima

1 taza de lentejas rojas secas

1 taza de calabaza, pelada, sin semillas y en cubos

1/3 taza de cilantro fresco finamente picado

2 tazas de agua

1/2 (14 onzas) lata de leche de almendras

2 cucharadas de semillas de achiote

1 cucharadita de comino

1/4 de pimienta de cayena

1 pizca de nuez moscada molida

sal y pimienta para probar

Calentar el aceite en una olla a fuego medio.

Sofría la cebolla, el ajo, las semillas de achiote y el comino hasta que la cebolla esté tierna.

Agrega las lentejas, la calabaza y el cilantro en la olla.

Agrega el agua, la leche de almendras y el jugo de lima.

Sazone con pimienta de cayena, nuez moscada, sal y pimienta.

Hervir y reducir el fuego a bajo.

Cocine a fuego lento hasta que las lentejas y la calabaza estén tiernas. Durante unos 30 min.

Sopa de calabaza tailandesa con nueces

Ingredientes

1 cucharada de aceite de ajonjolí

1 cebolla morada pequeña, picada

1 cucharada de raíz de jengibre fresca picada

3 dientes de ajo picados

1 taza de lentejas rojas secas

1 taza de calabaza, pelada, sin semillas y en cubos

1/3 taza de cilantro fresco finamente picado

2 tazas de agua

1/2 (14 onzas) lata de leche de coco

1 cucharadita de curry rojo en polvo

1 cucharadita. Chiles de pájaro tailandés

1 pizca de nuez moscada molida

sal y pimienta para probar

Calentar el aceite en una olla a fuego medio.

Sofría la cebolla, el jengibre y el ajo hasta que la cebolla esté tierna.

Agrega las lentejas, la calabaza y el cilantro en la olla.

Agrega el agua y la leche de coco.

Sazone con curry en polvo, chiles tailandeses, nuez moscada, sal y pimienta.

Hervir y reducir el fuego a bajo.

Cocine a fuego lento hasta que las lentejas y la calabaza estén tiernas. Durante unos 30 min.

Sopa Italiana De Calabaza Y Lentejas

Ingredientes

1 cucharada de aceite de oliva

1 cebolla morada pequeña, picada

3 dientes de ajo picados

1 pizca de semillas de fenogreco

1 taza de lentejas rojas secas

1 taza de calabaza, pelada, sin semillas y en cubos

1 taza de agua

1 taza de caldo de verduras

2 cucharadas de pasta de tomate

1 cucharadita de condimento italiano

1/4 cucharadita pimienta de cayena

sal y pimienta para probar

Calentar el aceite en una olla a fuego medio.

Saltee la cebolla, el ajo y el fenogreco hasta que la cebolla esté tierna.

Agrega las lentejas y la calabaza en la olla.

Agrega el agua, el caldo de verduras y la pasta de tomate.

Sazone con condimento italiano, pimienta de cayena, sal y pimienta.

Hervir y reducir el fuego a bajo.

Cocine a fuego lento hasta que las lentejas y la calabaza estén tiernas. Durante unos 30 min.

Sopa de zanahoria simple

2 cucharadas de aceite de oliva virgen extra

1 cebolla morada pequeña, picada

1 zanahoria pequeña, pelada y en rodajas finas

1 costilla de apio, en rodajas finas

1/2 cucharadita de estragón seco

2 tazas de caldo de verduras

1/4 taza de vinagre de vino

Calienta el aceite a fuego medio-alto.

Saltee las cebollas rojas hasta que estén tiernas durante unos 5 minutos.

Agregue lentamente zanahorias, apio y estragón.

Cocine por otros 5 minutos o hasta que las zanahorias estén tiernas.

Agrega caldo de verduras y vinagre.

Hierva y cocine a fuego lento.

Cocine por 15 minutos más.

Sopa de chirivía china

2 cucharadas de aceite de ajonjolí

1 cebolla morada pequeña, picada

1 chirivía pequeña, pelada y en rodajas finas

1 costilla de apio, en rodajas finas

1/2 cucharadita de polvo de cinco especias chinas

2 tazas de caldo de verduras

1/4 taza de vino de arroz

Calienta el aceite a fuego medio-alto.

Saltee las cebollas rojas hasta que estén tiernas durante unos 5 minutos.

Agregue lentamente chirivías, apio y cinco especias en polvo

Cocine por otros 5 minutos o hasta que las chirivías estén tiernas.

Agrega caldo de verduras y vino de arroz.

Hierva y cocine a fuego lento.

Cocine por 15 minutos más.

Sopa tailandesa de zanahoria y cebolla roja

2 cucharadas de aceite de ajonjolí

1 cebolla morada pequeña, picada

1 zanahoria pequeña, pelada y en rodajas finas

1/2 cucharadita de pasta de chile tailandés

2 tazas de caldo de verduras

1/4 taza de vinagre de vino

1 ramita de cilantro

Calienta el aceite a fuego medio-alto.

Saltee las cebollas rojas hasta que estén tiernas durante unos 5 minutos.

Agregue lentamente las zanahorias y la pasta de chile

Cocine por otros 5 minutos o hasta que las zanahorias estén tiernas.

Agrega caldo de verduras y vinagre.

Hierva y cocine a fuego lento.

Cocine por 15 minutos más.

Decorar con cilantro

Sopa de zanahoria picante y picante

2 cucharadas de aceite de oliva virgen extra

1 cebolla morada pequeña, picada

1 zanahoria pequeña, pelada y en rodajas finas

1 costilla de apio, en rodajas finas

1/2 cucharadita de comino

½ cucharadita de pimienta de cayena

1 cucharadita semillas de achiote

1 cucharada. jugo de lima

2 tazas de caldo de verduras

Calienta el aceite a fuego medio-alto.

Saltee las cebollas rojas hasta que estén tiernas durante unos 5 minutos.

Agregue lentamente las zanahorias, el apio, el comino, la pimienta de cayena, las semillas de achiote y el jugo de lima.

Cocine por otros 5 minutos o hasta que las zanahorias estén tiernas.

Agrega caldo de verduras y vinagre.

Hierva y cocine a fuego lento.

Cocine por 15 minutos más.

Sopa Húngara De Cebolla Roja Y Zanahoria

2 cucharadas de aceite de oliva virgen extra

1 cebolla morada pequeña, picada

1 zanahoria pequeña, pelada y en rodajas finas

1 costilla de apio, en rodajas finas

5 dientes de ajo finamente picados

1/2 cucharadita de pimentón húngaro

2 tazas de caldo de verduras

1/4 taza de vinagre de vino

Calienta el aceite a fuego medio-alto.

Saltee las cebollas rojas hasta que estén tiernas durante unos 5 minutos.

Agregue lentamente las zanahorias, el apio, los dientes de ajo y el pimentón húngaro.

Cocine por otros 5 minutos o hasta que las zanahorias estén tiernas.

Agrega caldo de verduras y vinagre.

Hierva y cocine a fuego lento.

Cocine por 15 minutos más.